SYKSYÄ KOHTI

Runojen
puutarhassa

Pertti Lehmuskoski

SYKSYÄ
KOHTI

Kolmas runokirja

sarjassa

Runojen puutarhassa

Kangasalla

syyskuussa 2018

© 2018 Lehmuskoski, Pertti
Kaikki oikeudet pidätetään.
Kustantaja: BoD – Books on Demand, Helsinki, Suomi
Valmistaja: BoD – Books on Demand, Norderstedt, Saksa
ISBN: 978-952-80-0497-4

Sisältää runot:

Eron haikeus

(Kuin kesä, joka lähtee ja menee talveksi muualle)

Käsi nousee hiljaa
vienosti vilkuttamaan
on aika eron ja lähdön
eilinen on mennyt
ja taaksemme jäänyt

Eron haikeutta koen
jään miettimään
mikä on ihmisen elämän
merkitys jälkeen tämän
yhteisen ajan

Lähdön aika on
miksi murehditaan
matkaan vaan
ehkä uudestaan
jälleen kohdataan

Pidän suunnan oikeaan
kun uskon Vapahtajaan
pyydän apuaan
vaikka nyt erotaan
me pian taas tavataan

Sinä lähdet ja minä jään
ja toivo jää elämään
tunnen kaikesta iloa
toivo tuo elämään valoa
muistan täällä sinua

Herätyksen miehet

He liikkuivat laajoilla aloilla
eivät vaivojaan säästelleet
he olivat Jumalan asialla
kasvaneet itsekin näillä mailla
sieltä nousseet ja pelastuneet

Se oli Jumalan tuli joka poltti
heidän sydämensä hehkui sitä
heitä eteenpäin ajoi ja voitti
kun he Herralle tahtoi ja koitti
koota laumaa ihmisistä

Moni yksin paini ja taisteli
ensin itselleen armoa etsi
heidän kutsuaan Jumala koetteli
sen hitaasti kypsäksi kasvatteli
ajallaan heidät esiin Hän nosti

Joka paikassa ihmiset tunki
heidän sanojaan kuuntelemaan
niin moni vielä synnin vanki
isäntä emäntä piika ja renki
pyrki synneistään vapautumaan

Heidät Sanalla armoon he johti
kautta tuomion ja ikuisen tulen
nämä syntiset Jumala armahti
siitä tuomion tulesta vapahti
antoi orjille elämän uuden

Eivät itseään esille tuoneet
he olivat Jumalan palvelijoita
eivät itselleen mitään pyytäneet
eivät omaansa koskaan etsineet
eikä puuttunut panettelijoita

Jos kuuli on jollain etsivä mieli
joku taisteli ja neuvoaan kaipasi
löytyi se viisaan neuvojan kieli
aina itsekin sitä he ihmetteli
pääsi kahleista vangit vapaiksi

He olivat niitä Jumalan miehiä
herätyksen Henki vaikutti heissä
he olivat armon viestin viejiä
sisimmässään tarpeeksi pieniä
vaeltamaan Jumalan ihmeissä

Hää t

Mies mustissaan komea
tahtoo suorassa kulkea
onko sormus mukanaan
odottaa nyt morsiantaan
lupauksensa on vakaa
tytön kanssa kaikki jakaa

Morsian kauniina
kuin harsokukka valkea
tahtoo olla valmiina
aina tuon kanssa kulkea
aivan loppuun asti jatkaa
yhteisen elämän matkaa

Sormus tulee sormeen
sydän liittyy sydämeen
tänään tahdotaan luvata
koko sydän toiselle avata
niin että kivistäkin peltoa
voidaan yhdessä raivata

Tuo rakkauden viinipuu
yllänne kauniina kaareutuu
sen oksat alas laskeutuu
hedelmät yllenne ojentuu
murtaa erottavan muurin
hedelmistä rakkaus suurin

Tänään nyt matkanne alussa
tässä "tahdon" -sanan sanotte
siunausta elämäänne anotte
siinä te kaksi käsi kädessä
olette taivaan Isän edessä
yhdessä rakkautta pyytämässä

Ihmeiden galleriassa

Galleriassa kierrellessä
tauluja seinillä katsellessa
kauniita upeita
värikkäitä tai harmaita
toiset kuin kuvia kamerasta
toiset kuin usvan hämärästä
niin kauniita
tekijänsä ovatkin
oikeita taiteilijoita

Nämä taulut on kansallisaarteita
tekijänsä luomia kaikkein parhaita
kuvaavat metsässä poikia
pellolla kauniita tyttöjä
maalaismaisemia
kaupungin asumuksia
kansalaissodan vaiheita
monia muita aiheita

Miten maalari onkin saanut
siveltimellä kankaalle luonut
paletistaan värejä ottanut
värit tauluunsa kohdalleen laittanut
miten kauniit kuvansa maalannut
kun niitä nyt katselee
katsoja tavallinen ihmettelee
pitkään seisoo viipyen ihailee

Kaiken kauniin alkuunpanija
taiteen antaja lahjojen Luoja
kauniiden metsien niiden puiden
taivaan pilvien tähtien kuiden
järvien ja merien maan äärien
kukkien paljouden värien runsauden
kaiken tämän hyvän antaja on ihmistä
rakastava ylhäällä asuva taivaan Jumala

Katson ja pysähdyn
aivan hämmästyn ja hiljennyn
kaiken kauniin edessä
kaunista maisemaa katsellessa
tätä luontoa tai maalarin taulua
sitä taitoa viisautta ylhäältä saatua
sydän kokee ilon minäkin koen
näen suuren armon ihmeen Jeesuksen

Armon maisema kaunis ihmeellinen
maalattuna tauluun sydämen
väreillä armon sävyjen parhaiden
joskus pohjalle pimeyden
epätoivon ja synkeyden
virheiden syntien paljouden
armo tuo toivon puhtauden
sen sivellin luo ilon värein kirkkaiden

Isoveli

Niitä sarjassamme hauskoja juttuja
kun nousee mieleen vanhoja tuttuja
Olin koulussa toisella kymmenellä
kun eräs poika oli samalla luokalla

Se poika oli Risto ja sillä oli isoveli
kävin usein Ristolla se oli mun kaveri
me puuhattiin kaikkea mukavaa
viihdyttiin hyvin ja meillä oli kivaa

Ulkona joskus kun kylällä liikuttiin
me joukko kylän poikia kohdattiin
ja ne alkoi meitä nuorempia kiusata
ei tunnu sellainen kenestäkään kivalta

Niitä kiusaajia on ollut kautta aikojen
meidän tapaus ei ollut ensimmäinen
Mutta kun ne meitä rumasti kohteli
nousi Ristolle mieleen oma isoveli

Ja onneksi veli ei ollutkaan kaukana
se tuli ja sillä oli toinen poika mukana
ne isot pojat meitä pieniä puolusti
kiusaajat väistyi kun nämä niitä puhutteli

On hienoa omistaa voimakas isoveli
sellaiseksi veljeksi tänne Jeesuskin tuli
kun paha kiusaaja joskus oikein ahdistaa
se Veli tulee ja heikoimpia puolustaa

Vastustaja vihollinen usein täällä uhoaa
aina se varastaa ja se tappaa ja tuhoaa
mutta Isoveli Puolustaja on tullut tuomaan
elämän ja yltäkylläisyyden maailmaan

Jokainen voi Isoveljen omakseen saada
tarvii vain elämänsä Jeesukselle tuoda
sydän avata ja syntinsä Hänelle tunnustaa
olla hiljaa ja Jeesus omakseen omistaa

Kaunis maa (–laulu)

(Kirjoitettu Mordvan ystäville 28.8.2018)

Kaunis on tämä maa
kansa se joka asustaa
alla paisteen tän auringon
alla kirkkaiden tähtien

Kaunis on tämä maa
kun mä katson peltojaan
mäkiä metsiä niissä nään
syyn kiitosta laulamaan

Kaunis on tämä maa
mä ihailen lapsiaan
sen kauniita silmiä juoksuaan
kedoilla peltomaan

Kaunis on tämä maa
se kannustaa nuoriaan
tekemään työtään ahkeraan
maatansa rakentamaan

Kaunis on tämä maa
sitä synti vain saastuttaa
johtaa kansaa kulkemaan
vanhoissa tavoissaan

Kaunis on tämä maa
sitä Jumala rakastaa
tuli kerran sitä pelastamaan
ristillä kuollessaan

Kaunis on tämä maa
avaako kansa sydäntään
se kuuleeko Jumalaa
vai välttääkö armoaan

Kaunis on tämä maa
sitä Jeesus rakastaa
katsele hänen kasvojaan
haavoja Hänen käsissään

Kaunis on tämä maa
se kansa joka omistaa
sen rakkauden joka yhdistää
monta taivastien kulkijaa

Kaunis on tämä maa
mutta alkusoitto vaan
sen kauneimman Jumalan maan
joka taivaassa saavutetaan

Kaunis on tämä maa
kansa kiitä sä Jumalaa
tartu uskolla siihen sanomaan
joka maan tämän puhdistaa

Kaunis on tämä maa
nyt yhdessä rukoillaan
siunaamme veljiä siskoja
pyydämme siunaustaan

Kesä se o tuas tuakse jeäny

Se on nii mukavoo
muistella nuoruutesa aekoo
ku alakaa jo ikkää olemaa
eikä oo ennee mikkää nuor
mutta ku kahtoo tuaksee
ja oikee pitkälle männöö
sinne lapsuuteen ja nuoruuve aekaa asti
nii sitä nii kultaset muistot sieltä nousoo
ei voe niitä päeviä unohtoo
ihan kultaste kehyste kanssa ne tulloo
ne ku kaikki ne ihanat muistot mielee palloo

Nii muistan hyvi sen Kuopio ukin puatin
sen keskimoottorvennee
jota ukki huonolla syvämmellää
veti kääntii keskellä Kallaveij selekee
ja poekina yritettii olla oekee hilijoo
ettei ukki saes kohtaosta mittää pahempoo
ja ne kesät siellä mökillä
Kaejankuartee poukamassa
ihan mahottoma sulosessa paekassa
siellä ku uitiin ja ongittii
pieniä kalojakkii suatii
sitä savusaonoo kierrettii ja
joskus ihan peästii sen mustii uumenii
makkeihi ja tulisiin löylyihi
iha pyörrytti ku mäntii ja hoiputtii
sieltä saonasta uimaa kohti kivistä rantoo

Parraenta ol kaet ne oamut kun män
Varpusehäkkii

pienee mökkii jossa meijä tätit Sivi ja Sohvi
piti majjoo ja oamusta aikasee jo nous
ja alako tulla piene kamina peältä
nii ihmee sulone tuoksu
pannurieskoo ja -kakkua ol Sivi noussu
ja alakana jo aekasee vatkaamaa ja
paestamaa
siinä sitä sae lapskii tuntee olevasa jokkii
melekee ku rinsessa ja rinssi
ku nii sitä tätie huolenpittoo
ja jakamatonta hyvvyyttä ja hoitoo
sai yksin siinä kohata ja kokkee

Pyhäoamuna istuttii sitten kaekki
yhessä pihamuan koevuje alla
kuka missäi paekassa
penkillä tae kivillä
tae aorinkotuolissaan
tae vaekka pihakoevu oksalla
heiluttelemassa siinä jalakojaa
ratio ol aoki ja nii että kaekki sen kuul
sieltä tul jumalanpalavelus
millo mistäe kirkosta ympär Suomee
kerrannii suarnas iha
arkkipiispa Simojok ite
se olkii kova paekka ku
kuuluttaja ressukka
men munnoomaa ihtesä
ja sanomaa että nyt suarnoo
arkkipiiska Martti Simojok
Sohvi se sitä päevittel vielä pitkää
liekkö seoroovoo kessee asti

Paljo oes kerrottavvoo
kaoppareissuloesta
ja veehakumatkoesta
ulukohuussista puuliiteristä
mehtä- ja ranta-aetoesta
vatelman ja mansika kerruista
uinneista suaree ja siihe poejuu
jossa se uki puatti ol kiinni
ja uottel kesä loppua ja matkoo
takas Kuopijoo sinne Väenölänieme
moottorvenesatamaa

Nii se o männä tämä ihimise elokii
aekasa pyörittii ja uitii
tehtii kaekkee kivvoo mitä millonkii
mutta syksyki tulloo
ja aeka suapua siihe elämä rantaa
siihe kaoniisee satamaa
siihe viimesee moalipaekkaa ja
siirrytää siihe parempaa majjaa

Nii nousoo voa syvämestä se rukkous
että anna oe Herra Jeesus minu
olla valamis niin että puhtaalla
syvämmellä ja omallatunnolla
suan ettees tulla
anna nyt tämä loppuaeka
sinua palavella ja rukkoella
ja lukkee Sannoos ikkuista
ja enne kaekkee anna minunnii
jokkaesta immeistä
suuremmella rakkaovella kohata
ja antoo jokkaeselle pienelle ja suurelle
sitä jakamatonta huomioo

Kuin herkkä soitin

Niin herkkä on ihmisen mieli
kuin kauniisti soiva soittimen kieli
se joskus pauhaa
mylvien raastaen
etsien ja kaivaten kadonnutta rauhaa
joskus soittaa hiljaa
vaimeasti vaikeasti
tervehtien murheista tulijaa
joskus on etsittävä virettä
löytyyköhän se enää sieltä
hoidellen kuunnellen herkkää mieltä
kun taitava soittaja sen käsiinsä saa
ja soittamaan varovasti aloittaa
mieli rauhoittuu
muu kaikki silloin unohtuu
tuska meteli
raastava pimeys poistuu
kulku ja polku tasoittuu
sen taitavan Soittajan soitossa
herkkä mieli on hoidossa
hyvissä
suurissa
soittimen Tekijän
käsissä

Laskut sekaisin

Meitä on yhteensä kuusi
minä
mun veli
sen kolme siskoa
ja isoveli

Kaikilla meillä on
yhteinen isä
meillä on
sama ihana äiti

ja kaikilla meillä on
taivaan Isä

Meitä on yhteensä kuusi
mun isoveli
silläkin siskoja kolme
ja yksi pikkuveli

Mullakin on siskoja kolme
ja jokaisella niillä
on veljiä kolme

Meitä on aika joukko
montako lie

Sama on isä
ja yksi ihana äiti

Kaikilla meillä on
yksi Jeesus
ja yksi taivaan Isä

Lähti käsistä

Ajokortin tuoreen saanut
on poika nuori raju ja raisu
autokoulunsa juuri ajanut
ja kaverilta hienon mersun
täksi illaksi lainalle saanut

Ei aio poika nyt pidättää
alla unelma tällainen
raskaasti painaa jalkaa
kiihtyy vauhti hirmuinen
tästä se elämä alkaa

Sitä unelmaa ei kauaa kestä
sitä tunnetta nuoren pojan
kun vilisee puut ja metsä
auto syöksyy yli ojan
sitä kukaan ei hallitse

Sanotaanko 'lähti lapasesta'
auto käsistä nuoren pojan
lähti mersu hallinnasta
tuon pienen hetken ajan
oli 'pohjassa' ollut 'nasta'

Ei onneksi lähtenyt taivaassa
asiat käsistä taivaan Isän
oli enkelit varjelemassa
hallinta elämän tämän
on kädessä suuremmassa

läisen elämän apu
löytyy käsistä Jeesuksen
haavoissaan sovinto ja sopu
ne merkit niiden käsien
joiden valta ei koskaan lopu

Mummo ja mirri

Mummolla oli mökki
oli porstua ja pieni tupa
tuvassa liesi ja uuni
liedellä oli mummon pata
ja padassa kiehui puuro
mummo oli vanha
ja oli jo melkein kuuro

Uunilla nukkui mirri
vanha ja kuuro sekin
se oli mummon paras kaveri
mirrin herkkua oli puuro
joskus ahven tai särki
mummo mirriään hoiti
pelasi molemmilla vielä järki

Mökin seinällä oli kello
vanha niin kuin tupa
pata ja mummo ja mirri
ajassaan sekin tikitti
mutkalla vain oli viisari
ei tunteja enää se lyönyt
puuttui sen toinen puntari

Tuvan nurkassa oli harja
ei löytynyt mökistä pölyä
mummo antoi niille huutia
pöydällä oli vanha kirja
mummo oli ahkera lukija
mirri uunilla kehräsi ja
mummo Raamattuaan tavasi

Vieras kun tupaan poikkesi
tuli eloa tupaan hetkeksi
ei se ollut suuri rikkaus
eikä maailman valtava viisaus
oli vieraalle suuri yllätys
monelle uusi kokemus
miten mökissä asui rakkaus

Nykyaika vs entisaika

Vanha
kirjoituskone
entisaikojen peli
kun sitä naputteli
joka lyönnillä
joka iskulla
tuli esiin rautainen
pitkä väkänen

se läpi juoksevan
väriä antavan
kelalta tulevan
kapean mustenauhan
teki paperiin
joka paikalleen
kelattiin
valmiiks rullattiin

jäljen kirjaimen
kärpäsen kokoisen
joko mustan
tai punaisen
tuli virheitä
tuli huti lyöntejä
niitä turhia iskuja
joita korjattiin

jäljet peitettiin
rumaks sutattiin
paperi ryttyyn rutattin

joskus hylättiin
ja uuteen vaihdettiin
alusta aloitettiin
taas taottiin
uudelleen naputettiin

Sillä runoja
romaaneja
paksuja kirjoja
tärkeitä
lomakkeita
asiapapereita
rakkauskirjeitä
kauppakirjoja

paikan hakuja
anomuksia
todistuksia
lehtikirjoituksia
kaikkia mahdollisia
ajatuksia
kirjoitettiin
iskettiin ja sutattiin

kehitys kulkenut
kaikki edennyt
nyt tietokoneella
ajan tasalla
sähköisellä
viimeisellä
upeimmalla
elektroniikalla

kaikki iisisti
virheet helposti
ihan hetkessä
käden käänteessä
korjataan
jäljet paikataan
pian edetään
ilman virheitä

on parannus
kaiken edistys
mutta erehdys
on luulemus
ja väärinkäsitys
että virheet ihmisen
perheen riitaisen
lapsen sydämen

helposti paikataan
haavat peitetään
uuteen vaihdetaan
iisisti parannetaan
paikalta häivytään
virheet kielletään
aina riidellään
rikki revitään

ei ole helppoa
uutta keinoa
pahuuteen
vääryyteen
käytökseen
rumaan syntiseen

siis palaan entiseen
alkuperäiseen

entisaikaiseen
sydämen muutokseen
parannukseen
katumukseen
omaan sydämeen
tulevaan
uudistukseen
luotan Jeesukseen

luotan rakkauteen
anteeksantamukseen
iloon uuteen
vereen
Golgatan puhdistukseen
mä tahdon taivaaseen
luotan entiseen
uskoon vanhanaikaiseen

Oma persoonansa

Oli mies ja oli nainen
molemmat heistä
ihan omansa lainen
toisella tukkaa toisella ei
toisen luonne kuin tuuli
toisen kulkua järki vei

Toisensa he löysi
huomasivat että
heitä yhdisti rakkauden köysi
mies rakastaan kosi
ja kun se rakas suostui
tuli heidän liitostaan tosi

Häitä juhlittiin ajallaan
"tahdon" sanoi
kumpikin omalla tavallaan
mies kumeasti ja jurosti
morsian taas
naurulla iloisesti

Kahden vieraan ihmisen
hyvin eri luonteisen
hedelmä yhteisen rakkauden
tuli pyörä siihen kolmas
maailmaan
kylmään pieni poika paljas

Oli poika ilo ja siunaus
oli lapsenteon
oikein hyvä aloitus
sen isä oli juro ja äiti iloinen
poika syntynyt millainen
isänkö vai äitinsä kaltainen

Piirteitä löytyy molemmista
isää voi nähdä silmistä
jotain luonteessa äidin ilosta
mutta kuitenkin se kokonaisuus
ihmeellinen salaisuus
tuo lapsi on ihminen ihan uus

Jokainen on persoona omansa lainen
näkönsä ja luonteensa erilainen
hieno luomus Jumalan kaltainen
syntinen mutta hänellä sovitus
arvokas kun vain tulee uskallus
omistaa Jeesuksen ristin pelastus

Paikka auringossa

On minulla paikka
niinkuin jokaisella
ennen se oli
puolella
varjoisella

Sitä hiljaa valitin
varjoisaa
paikkaani halveksin
toiselle
puolelle kaipasin

Nyt auringossa
kauan himoitussa
olen siinä halutussa
paikassa kirkkaassa
uudessa valossa

Tässä aurigossa
keskipisteessä
ihmisten katsellessa
paikassa kuumassa
valokeilassa

Ollessa auringossa
sitä toivookin äkkiä
että aurinko poissa
hetkisen piilossa
olisikin pilvessä

Ihmiset maailmassa
olemme toivossa
aina paremmassa
haaveissa luuloissa
utopioissa ihmeellisissä

Vaikkakin varjoissa
paikoissa piiloisissa
mutta sydämen rauhassa
sovussa sisäisessä ilossa
ollaan paikassa parhaimmassa

On parasta olla Valossa
Auringossa Kristuksessa
ikuisessa lämmössä
sovussa ja sovinnossa
Herra Jeesus sydämessä

Paksunahkainen poika

Poika paksunahkainen
luonteensa millainen
mistä kutsumanimen
oli saanut erikoisen
maineen juuri tuollaisen

Jos sanoit sille rumasti
tai tyrkkäsit kovasti
kohtelit pahasti
tai katsoit ilkeästi
hän aina vaan loisti

Mistä tuli tuo kuori
vai sisältäkö se paistoi
sydämen kirkas tuli
sen ihan maistoi
sillä toisten ilkeys suli

Nimi paksunahkainen
oli pilkkaa pahojen
vain ilkeiden ihmisten
juorupuheiden
ja väärinkäsitysten

Maine paksunahkainen
se tunne kielteinen
olikin päinvastainen
mieli oikea pojan sen
oli suora rehellinen

Poika paksunahkainen
oli rakkaudellinen
tosin hiljainen
ja aina rauhallinen
aina pahaa välttäen

Poika nahan ohuen
omistikin aivan erikoisen
läpi kuulsi nahan sen
rakkaus lämpö sydämen
olikin mieli Jeesuksen

Pieni portti

Pieni portti
ihan vain
pihan perällä
kaiken muun takana
nurkassa perimmässä
pensasaitojen keskessä
tuuheiden oksien välissä

Pieni portti
siitä mennään
jonnekin itsekseen
omaan paikkaan
yksityiseen
kätköpaikkaan salaiseen
oloon rauhalliseen

Pieni portti
se sulkee kaiken
taakse jääneen
ajan menneen
metelin ja melskeen
sulkee suojaan sisälleen
suojamuuriin turvalliseen

Pieni portti
kapea ja ahdas
ei portti suurten joukkojen
ei käydä metelöiden
vaan armoaan pyydellen
etsien rauhaa sydämen
edessä Jeesuksen

Pieni portti
johtaa edelleen
sisälle pyhyyteen
yhteyteen rukoukseen
uuteen tuoreuteen
uudistukseen
vierelleen ja lähelleen

Pieni portti
avaa oven katsomaan
omaan salaiseen maailmaan
sydämen ihanaan puutarhaan
jonne Jeesus on tullut asumaan
sen saanut Hän on kukkimaan
ihanimpia kukkiaan

Rakkaus ja/vai armolahjat

Onko armolahjaa ilman rakkautta
onko rakkautta ilman kohdetta

Lahja ilman rakkautta
heijastaa ihmisen kovuutta

Rakkaus ilman kohdetta
joen uoma jää avaamatta

Armolahja ilman rakkautta
hedelmäpuu jää hedelmättä

Rakkaudeton puhe armolahjan
se on helinää vain puhujan

Rakkaudelle ei löydä uomaa
jos ei toista ihmistä huomaa

Armolahja josta loistaa rakkaus
on kuin äitiyspakkaus

Rakkaus isän ja äidin
lämmön lähde lasten ja kodin

Rakkaus ja armolahjat
seurakunta tarvitsee ne molemmat

Rakkaus lämmittää sydämet
armolahjoissa aarteet salaiset

Jeesus on rakkaus ja lähde sen
Hänen lahjojaan janoan ja tarvitsen

Rasavillit pojat

Kuin kaksi villikissaa
ovat he nyt vauhdissaan
nurkasta nurkkaan kiitää
huoneitten läpi askeltaa
vieraita kaikkia naurattaa
se vähän kyllä äitiä harmittaa

Äidin rasavillit pienet pojat
nuo alituiset pakoon pinkojat
panee hyrskyn ja myrskyn asiat
pienemmät ja suuremmat
paukkuu ovet ja ikkunat
lentelee lelut ja kattilat

Äiti sitä vain odottaa
että villikissat nukahtaa
unen rauha äitiä armahtaa
pienet silmät kiinni lupsahtaa
siinä ne vierekkäin nupsottaa
äitiä alkaa ihan itkettää

Siinä ne ovat rasavillit pojat
ne ainaiset kotirauhan rikkojat
äidille kaikkein rakkaimmat
omat villikissat suloisimmat
elämänsä aarteet ihanimmat
rasavillit äitinsä omistamat

Äiti alkaa hiljaa kiittää
pojistaan Jeesusta ylistää
villikissojen poskia silittää
pidättää omia kyyneliään
pyyhkii märkiä silmiään
sydän pulppuaa omaa iloaan

Voi miten suloiset he ovat
nämä äidin rasavillit pojat
nyt alkaa äitiä hymyilyttää
pian ääneensä häntä jo naurattaa
kiitos Jeesus kovasta vauhdista
tästä villikissojen äidin päivästä

Rautalangasta

Pitääkö vääntää rautalangasta
siis selittää ja puhua asiasta
ja kukaan ei tajua mitään
seuraako jotain tästä valinnasta

Loot väänsi rautalangasta
että Sodoman elämä oli täyttynyt synnistä
mutta Sodoma ei ymmärtänyt mitään
se kaupunki tuhottiin kokonaan

Mooses väänsi rautalangasta
faarao päästä meidät orjuuden pesästä
mutta faarao ei tajunnut mitään
ei voitu silloinkaan paeta tuhoaan

Elia väänsi rautalangasta
Ahab sinä itse saatat kansasi tuhoon
mutta Ahab ei ymmärtänyt mitään
johti vaan kansaansa pahaan

Jeremia väänsi rautalangasta
Sidkia et saa vastustaa Jumalaa
mutta Sidkia ei tajunnut mitään
joutui Babyloniin matkustamaan

Pilatus väänsi rautalangasta
miksi tahtoisi Jeesuksen vapauttaa
mutta kansa ei tajunnut mitään
ei saanut silloin kansa kokea iloa Messiaan

Reponen väänsi rautalangasta
Viipurin kaupunki perin pohjin tuhotaan
mutta Viipuri ei tajunnut mitään
jouduttiin koko kaupunki pois antamaan

Nyt väännetään rautalangasta
Suomi miksi käännyt pois Jumalasta
jos Suomi et tajua mitään
vaikea aika seuraa syntiä vielä tänään

Se syö miestä

Pieni valitus
puheen pärinä
tuskin korvin kuultava ärinä
kuuluu pimeästä yöstä

Pulssin tykytys
ja vapina
sisäisen maailman kapina
on mies väsynyt työstä

Mikä ahdistus
kuin arina
polttava tuska öisenä parina
on kauhuun hänet syöstä

Puuttuu elämältä tarkoitus
kaikuu äänenä
kuin syvyyden voimien käskynä
henki siltä ryöstä

Tuleeko miehelle pelastus
riippuu kaikki siitä
eikö enää tämä arkinen elämä riitä
se taistelu syö nyt miestä

Tietää on tuskaan vapautus
muistaa sen Sanan
äidin lapsena lukeman tarinan
joka kertoo Elämän Tiestä

Siihen kääntyy ajatus
katse kohoutuu
käsi äidin ristiä kohti ojentuu
kohtaamaan ristin Miestä

Juuri oli läsnä valitus
syvyyden maailma
miehen sisältä syödyn nyt nostaa
Elämä tulen ahjosta äskeisestä

Seinäkello

Seinäkello seinällään
tikittää tasaista tahtiaan
kiertää pientä kiertoaan
etenee omaa vauhtiaan
ei jarruttele
ei ketään kumartele
ei mielistele
ei pokkaile
ei ole lahjottavissa
ei omissa unelmissa
päivän päivään liittää
sitä työtä kyllä riittää

Seinäkello seinällään
tietää ihan luonnostaan
ajan näyttämisen tehtävän
ainoan työnsä olevan
ei näyttele omaa älyään
puolla koskaan ystäviään
siellä omalla paikallaan
jatkaa omaa menoaan
valittamatta vaivojaan
kiertää tuttua kulkuaan

Niin etenee varmasti
tämä aika
lyhyt armon aika
ihmisen etsikon aika
ei sitä voi lahjoa
ei voi alkuun palata
ei voi jarruttaa
ei päivääkään palauttaa
ei omakseen omistaa
tämä aika on lahjaksi annettua
Jumalalta saatua

Tämä aika on Jumalan
muuttumattoman
jokaista ihmistä kutsuvan
ja jokaista rakastavan
armoaan tarjoavan
uupunutta kantavan
anteeksiantavan
elävän Jumalan aikaa
kallista aikaa
ihmisen etsikonpäivän aikaa

Syksyn värit

Syksyn runsaissa väreissä
on jotain Jumalan rikkaudesta
siinä värien maailmassa
näkyy jotain siitä suuruudesta
Jumalan armon runsaudesta

Luonto koostuu väreistä
punaisesta ja sinisestä
valkoisesta vihreästä
ruskeasta ja harmaasta
oranssista ja keltaisesta

Kaikki värit kun yhteen tuodaan
siitä kaikkein kaunein taulu luodaan
se taulu on maisema luonnon tekijän
Hän on tehnyt taulun ihanan
maiseman kaikkein kauneimman

Maiseman sydämen puhtaan iloisen
valoisan tiedän taivaisen Maalaajan
kankaalle sydämen sisimmän
rakastavan tahtonsa olevan
Jeesus tuo sydämiin värien elämän

Toivon ankkuri

Toivo on kuin ankkuri
jolla sydän kiinnittyy
johonkin vahvempaan
ja pysyvämpään
usko ankkuroituu
toivon kautta johonkin
lujempaan ja isompaan

Toivon ankkuri
pitää kiinni lupauksista
se kiinnittyy niihin
ja siten uskolla on
sen toivon kautta
niihin lupauksiin
luja pohja olla vahva

Veneestä tai laivasta
jos joku venemies
tai merimies
laskee ankkurin veteen
ja kun se tarttuu pohjan
suuriin kiviin
ei tuuli venettä vie

Samoin ihminen
jokainen uskovainen
heittäen toivonsa ankkurin
luottaa Sanaan ja
sen kertomaan Jumalaan
sillä usko tarttuu lujaan
ei sitä maailman tuuli vie

Toivon ankkuri ulottuu
esiripun sisään asti
taivaaseen asti
kiinnitettynä Kristukseen
armoonsa ikuiseen
sen toivon kautta olemme
me sidotut Jeesukseen

Valkeuden lapset

(Paavali, Efesolaiskirjeen 5. luku)

Ennen te olitte pimeys
nyt Herrassa valkeus

Mitä on Valossa vaellus
kun tulitte valoon
ja valkeuteen olette
päässeet
on osana teillä lapseus

Siis kun sisälle uskoon
Jumalaan
ja Jeesukseen olette
astuneet
alkaa valkeudessa vaellus

Entiset tekonne olivat
haureus ja saastaisuus
ahneus ja rivous
sekä puheen tyhmyys

Ei sellainen nyt sovi
paremminkin kiitos
se vanha pannaan pois
että Jeesus meissä ois

On hedelmänä valkeuden
puun juuren antaman uuden
kaikkinainen hyvyys
toiseksi kasvaa vanhurskaus
kolmas lapsensa totuus

Tutki mikä Herralle kelpaa
vältä kaikkea pahaa
ja kanna hyvää hedelmää
ennen olitte tyhmyys
nyt olette Jumalan viisaus

Älkää juopuko viinistä
vaan täyttykää Hengestä
laulakaa veisatkaa kiittäkää
psalmeilla virsillä lauluilla
kiitosta puhtailla sydämillä

Jumala Isä
saakoon kiitoksen
nimessä Herran
Jeesuksen Kristuksen

Vastavalo

Jos ajat illalla länteen
suuntaan aurinkoiseen
tai ajat aamulla itään
etkä näe yhtään mitään
huomaat mikä voima on
kirkkaan vastavalon

Taskulamppu pimeässä
jonkun toisen kädessä
kirkas sinun silmässä
et erota siinä hämärässä
kuka on tulossa
kirkkaassa vastavalossa

Pimeässä maailmassa
sen kaikessa tavarassa
loistossa hekumassa
suurempi auto ja talo
valtaa rikkauden palo
tarvitaan vastavalo

Kuin auringon kirkkaus
tuo vastavalo vertaus
on maailmassa rakkaus
armottomille armahdus
ja tuomituille vapautus
se vastavalo on Jeesus

Veli Juudaan sanoma

(Raamatusta, Juudaan kirjeestä)

Miten liittyy yhteen ja koskettaa toisiaan
pilvi syksyn kuiva joka ei anna sadettaan
puu lehdetön se joka ei kanna hedelmiään
meri myrskyävä joka pyörittää vaahtoaan

Nämä asiat Juudas kirjoittaessa kirjettään
palvelija Herran paimentaessa uskoviaan
nämä kolme vertausta hän kytki toisiinsa
näillä kuvilla antoi selkeyttä sanomaansa

Tämä vertaus nämä kolme kuvaa yhdessä
kuvastaa ihmisiä jotka ovat kyllä uskossa
mutta vaeltavat kuin syntiset maailmassa
jotka napisevat ylpeästi lihansa himoissa

Siinä kirjeessään antaa Juudas ohjeenaan
rakentamaan itseään lujempaan perustaan
uskomaan Pyhässä Hengessä rukoilemaan
pitämään aarteenaan laupeutta
rakkauttaan

Hän vielä epäileviä kehoittaa armahtamaan
kuin tulesta temmaten ontuvia pelastamaan
muita armahtamaan mutta syntiä
inhoamaan
Isä kanssa Jeesuksen Juudaalta saa
kiitoksen

Viisi sileää kiveä

Daavid valitsi purosta viisi kiveä
osasi katsoa ja valita hyviä sileitä
pyöreitä samankokoisia
linkoonsa sopivia

Kivet oli olleet vedessä
sen puron pyörteessä
juoksevan veden koulussa ahjossa
kovassa paineessa vuosien saatossa

Pienet muruset hiekan jyväset
teräväreunaiset kiven palaset
olivat niitä muokanneet
kiviin pyöreisiin jälkensä jättäneet

Kivet toinen toisiaan
vedessä pyörteessä uidessaan
toisiaan töniessään
oli muuttuneet kovassa koulussaan

Kovan pohjakallion kestävän
perustan lujan ja tukevan
liikkuvan syöksyvän veden
ja kovan kiven jäljet niissä näkyivät

Vain siten niistä tavallisista
puron teräväreunaisista kivistä
monenmuotoisista pienistä ja
suurista tuli Daavidin linkokiviä

Näillä pyöreillä virrassa olleilla
pyörteissä hiotuilla muuttuneilla
tönityillä puron koulussa oppineilla
linkokivillä vihollinen voitettiin

Elämän koulussa tulen ahjoissa
tai murheen painoissa kovissa
oltaessa siinä Jumalan koulussa
sopivassa se käyttöön valmistaa

Yllätys

Isä tulee kotiin
laahustaa laukkuineen
ottaa esiin avaimen
avaa sillä kodin oven
astuu sisään eteiseen
kuuntelee miettien
olenko ihan yksikseen
tulinpa kotiin hiljaiseen

Missä on äänet lapsien
askeleet omien pienien
vastaanotto kuopuksen
tahtoisi pienen halauksen
tervehdyksen iloisen
hellän rutistuksen
kosketuksen läheisen
miksi mitään kuule en

Perhe onkin piilossa
yksi on sohvan suojassa
toinen verhon varjossa
nuorin puisessa arkussa
äiti jossain komerossa
joku nurkassa istumassa
täydessä hiljaisuudessa
kaikki samassa juonessa

Samassa jotain tapahtuu
arkun kansi avautuu
piilopaikat paljastuu
komeron ovi raottuu
verhoista joku esiin astuu
loksahtaa auki isän suu
jopas hän nyt ilahtuu
perheen yllästys onnistuu

Tämä on kertomus kodista
isän kotiin tulosta
se kertoo isän onnesta
pienen hetken tunteesta
sisimmän odotuksesta
hiljaisesta kaipauksesta
yllätyksestä hauskasta
perheen hellästä rakkaudesta

Ystävänä "minä itse"

"Minä itse" voi olla
mukava ja ystävällinen
niin kauan kuin se tapa on
itselle edullinen

"Minä itse" astuu
esiin aina mielellään
kantaa kauniita sanoja
kielellään

"Minä itse" ei suostu
sivusta katsomaan
apumieheksi autoosi
tulemaan

"Minä itse" on hieno
vaatteet aina ryhdissään
vaan se vanha kurja kehno
asuu sisässään

"Minä itse" ei tahdo
koskaan olla oppilas
minä opettaja olen ja varmasti
kaikkein paras

"Minä itse" tulee
sunnuntaina Sanaa kuulemaan
ei vain sattuisi kukaan syntiseksi
luulemaan

"Minä itse" antaa
rahaa haaviin iloiten
näkiköhän varmasti vierellään
kaikki sen

"Minä itse" hienosti
lähtee kirkosta ylpeästi
illalla kotona omatunto syyttää
kipeästi

"Minä itse" hän täällä on
on minun vanha hyvä ystävä
hänen seurastaan on pian eroon
päästävä

Ö-mappi

Ö-mappi ei ole ihmisten paikka
mutta se on monien
ihmisten unelmien
loppusijoituspaikka

Ihminen tekee tuhraa lyttää ruttuun
hylkää ja yrittää uudelleen
kaikki epäonnistuneet tuotokset
joutuvat roskakoriin ns ö-mappiin

Ö-mappi on paperien hautausmaa
sieltä ei enää nousta
se on hylättyjen unelmien
ja yritysten viimeinen sijoituspaikka

Vaikka roskis tyhjennettäisiin
ja roska-auto veisi kaiken sisällön
jätteenä kaatopaikan polttouuniin
niin ö-mappi ei mene sinne

Ö-mappi on nimi asialle
paperin suunnitelman runon
tarjouksen yrityksen
tai jonkin muun hylkäämiselle

Ihmisen elämässä on niin paljon
sellaista joka joutaisi ö-mappiin
turhaa jonnin joutavaa krääsää
hölyn pölyä hupun puppua roskaa

Ö-mappiin vaan kaikki turha
ja tilalle jotain arvokasta kestävää
ikuisuuteen kantavaa puhdasta
sitä saadaan kun roska siivotaan pois

Ihminen on tarkoitettu saamaan
jotain parempaa kuin se mikä
joutaakin ö-mappiin sinne vaan
vaihdetaan siis parempaan